무연고 사회학

박희곤 시집

문학의전당 시인선
389

무연고 사회학

박희곤 시집

문학의전당

시인의 말

펜타닐이 들어가고 하나, 둘, 셋을 다 세기도 전 나는 죽었다.

매일, 내가 집도하던 수술대에서
그 침대에 누워 내가 수술받을 줄이야.

간의 70%를 제거하고 다시 살았다.

아직, 하루 4번의 인슐린 주사를
죽을 때까지 맞아야겠지만…….

고난 없는 일상이 어디 있으며
아픔 없는 생이 어디 있으랴.

그러니 시여, 고통과 허무를 딛고 일어서게 한 언어여!

여분의 생도 나를 용서하기를.

2025년 7월
박희곤

차례

제2부 타인의 외딴집

제3부 서라벌의 달

제1부
코드 블루

심장이식

수술이 끝나고
완치의 기대를 채우기는 늘 부족했고
이식한 심장이 뛸지는 아무도 몰랐다

불안은 허둥지둥 떠다녔고
이식의 오류는 비껴가지 않았다

긴장은 오래도록 나를 숙성시켰다

수술 마스크 밑에 몰래 넣은 초콜릿
포도당이 분해되는 데는 채 몇 분도 걸리지 않았다
생은 먹고 배설 외 목적도 있다는 걸 잊고 있었다

박동을 기증한 사람은 죽음을 말했고
박동을 받은 사람은 침묵을 말했다

이식은 생과 사의 사이
죽은 사람도 죽을 사람도 살았다

외딴집 코드 블루

1

딩동댕— 지 지 찍—
공 한 시 팔 분. 공 한 시 팔 분
e-편한 세상. 이 편안한 세상
108동, 백팔 똥. 1009호, 천국 호

코드 블루 코드 블루

진달래이 피었습니다.
진달래이 피었습니다.

2

CPR— CPR—

혈관 잡고 앰부* 잡고
아트로핀 10ml 투여
심장충격기 슛!
한 번 더 슛!

CPR 한 번 더 CPR 한 번 더

3

엄마 괜찮아? 엄마 괜찮아?

= + = + = + = + 응~? 응~?

엄마! 엄마! ??

뚜- 뚜- 뚝.

어~언 — 마 ~! = ~! , . ?

---

*폐에 공기를 넣어주는 비늘 주머니.

수술, 끝나지 않은

임파선까지 전이된 악성종양을 제거하지 못하고
개복한 배를 닫고 수술방을 나왔다

적황색 신생 암 덩어리 촉감은
손을 씻어도 머릿속에 박혀 화석이 되었다

젊은 환자 아내에게 무슨 말을 해야 하나

기억의 여울목에 흘러내리던 출혈
이어주지 못한 목숨줄
수술복을 적신 핏물이 마르고

— 환자분 수술은 잘 되었으니 내일 퇴원하세요

희망은 절망을 보내는 신호일 뿐
쉿, 그의 아내가 집게손가락을 입술에 갖다 댄다

수술실 창 너머로 경광등이 번쩍이고

장례식장에서도 울지 않는 세상
구급차, 혼자 곡을 하며 달려간다

냉동인간

영하 196도 산부인과 인공 수정실

정자은행 ATM* 기계에서 카드로 정자를 인출한다
출납기 여성의 자동응답기 안내 멘트
정자 종류를 선택하세요
1번 황인종 의사, 2번 백인 축구선수, 3번 흑인 탤런트, 4번 늙은 남편
X Y와 정자 수를 선택하세요
1번 남자, 2번 여자, 3번 다둥이, 4번 늦둥이

난자 금고 ATM 기계에서 폰 앱으로도 난자를 인출할 수 있어요
비밀은 보장되니 비밀번호는 절대 노출시키지 마세요
난자의 종류를 선택하세요
1번 한국인 탤런트, 2번 미국인 탤런트, 3번 아프리카 탤런트, 4번 낡은, 아내

시험관으로 출생한 냉동 아기는 F2**에서 우성학적으로 열

성이며

돌연변이가 나타날 확률이 높습니다

어린이일 때는 마-암 파파라 하고

청년기에는 아빠를 아기씨를 준 아저씨라 부르고

어머니를 아기 주머니 가진 아주머니라고 부를 수 있습니다

성인이 되면 you라고 합니다

당신과 나 사이에 흑인이 나올 수도 있고

나와 당신 사이에 금발의 파란 눈이 나올 수 있어요

정자 4번과 난자 4번 사이에는 늙은 아기가

오스트랄로피테쿠스 손자인지 사이보그 아들인지 알 수 없는

인간이 태어날 수도 있습니다

---

*ATM: 현금자동출납기.

**F2: 멘델의 유전법칙.

예빈이의 출가

유치원 입학도 못한 예빈이, 다섯 손가락보다 긴
주사침을 엉덩이뼈에 꽂고 조직검사와 골수이식을 했다

소아병원 무균실, 마스크 밑에 가쁜 숨을 몰아쉬며
골수이식 후 수년째 투병 생활을 하고 있다

항암과 방사선 치료를 위해 수개월 가출한 예빈이
토하면서 먹지도 못한 채 멋쩍은 웃음 웃으며
산타클로스 모자를 쓴 동자승이 되었다

전신으로 돌아다니는 백혈구의 요술
고열은 천당과 지옥을 오가는 도깨비불

벌거벗은 몸 얼음 욕조에 찜질하며 덥다고 한다

아빠의 까칠한 수염
엄마의 공갈 젖꼭지
뽀로로와 아기 상어 핑크퐁이 전부인 예빈이

가져갈 것도 두고 갈 것도 없다

"형아! 내 장난감 전부 줄게. 하늘나라 가지 마." 하던 동생

"엄마! 자동 스포츠카 동생한테 주고 미안하다고 전해줘."

동자승이 된 예빈이 다비식을 위해 무균실을 나선다

해부학 실습
—카데바*를 위하여

고인이 된 내가 고인을 해부한다
카데바가 된 나에게 국화꽃 한 송이로 묵념한다

수술용 장갑을 끼고
오장육부를 부검한다
간의 좌엽은 간경화가 진행되어 있고
우엽은 황달로 인해 간암이 떼어가고 없다

췌장의 랑게르한스섬 베타세포는
건포도처럼 말라비틀어져 인슐린 샘은 말라
고혈당과 저혈당을 스파크로 왕복한다

위장을 절개하자 역류성 식도염에 위궤양
일상을 소화시키지 못하고
신장은 결석이 생겨 휴화산처럼 굳어 있다
폐는 날숨과 들숨 사이가 멀어
폐포에 이산화탄소가 산화되지 못한 채 호흡이 응고되고
심장의 박동 소리 전두엽을 적신다

구멍 난 심장 뛰는 소리에 내가 놀란다

고인이 된 나의 해부학 실습, 뼈만 남고 감정은 물이 된다
팽팽한 긴장의 해부학 실습은 끝이 나고
카데바 앞에서 나는 맛있게 밥을 먹는다

---

*카데바(Cadaver): 해부용 시신.

Mr. 알츠하이머

한낮에 전등이 깜박거려요

당신을 처음 만난 날
병실에서의 첫 연인이었지만
약속을 지키지 못했어요
내가 당신을 잃어버렸는지
당신이 나를 잃어버렸는지

길을 잃고 어눌한 손짓
당신이 나를 잊어버리기도 했지만
절뚝거리며 끊어지는 기억
Mr. 당신은 당신 나라로 돌아가는 게 좋겠어요

어제는 현관 열쇠를 냉동실에 얼려놓고
오늘은 가스 불 위에 결혼의 냄비를 태웠어요

도파민이 줄어들고 신경 다발이 얽혀 있어도
먹어도 먹어도 배고픈

바라만 보아도 눈시울이 뜨거워지는 Mr. 당신

신경 다발이 파탄 났다고 해도
당신을 버려야 한다고 해도
이제 각자 시간이에요

뇌 회백질이 복구된다 한들
뇌파가 다시 뛴다 한들
사랑의 기억이 다시 한들거린다 한들
어제의 오늘이 Mr. 당신은 연인이 아니랍니다

수면 내시경

입속 물뱀이 잠망경을 물고
바닷속 깊이 파도를 타고 개헤엄을 친다
뱀의 혀처럼 수많은 산호초 군락 사이로

해저의 점막들은 헐어 흔적을 남기고
위 괄약근에 본능은 달의 인력에 끌려
밀물과 썰물의 반복운동을 하며 소화시킨다

회문부에는 종양 덩어리
십이지장에서 넘어가지 못하고
발갛게 피어난 점막들은 세상에 쓴맛들을
소화하지 못한 채 생트림을 하며
일상의 아픈 군락을 이룬다

생의 허기에 밤낮을 가리지 않고 채웠던 밥통
역겨움의 고통도 설사의 분노도 누워
수면 속에 천국을 가기도 하는

초유가 들어와 흘러가고 연이어 채워진 먹방의 본능
소화시키지 못한 생의 욕망들
폭주족 굉음이 설사처럼 배출된다

수면 내시경 속에서는
녹화 캠코더의 폴라로이드 사진으로 AI 동영상으로
전송되는 파노라마 세상
녹화된 기억은 점점 흐린 현실 속으로 저장되고 있다

한번 들어가면 역류하지 못하는
한번 태어나면 뒤돌아갈 수 없는 내시경 속의 다큐
흔들리는 화면 뒤에 잔상만 남기고 잠에서 깨어나고 있다

역산(逆産)

열 달을 채우고도 일주일 지나서야 진통이 왔다
분만실 엘리베이터 안에서 양수가 터지고
자궁 밖으로 다리 하나가 삐죽 나왔다

지체할 수 없었던 의사가 왔다

수술동의서를 작성하면서
엄지에 붉은 인주를 찍고도 붉은 눈물이 쏟아졌다

아이가 태어나도 장애가 생길 가능성이…… 애기 머리가 먼저 나와야 하는데 발이 먼저 나온 상태입니다 문제는 애기 머리가 자궁보다 커서 지금 당장 응급수술을 해야 합니다 산모와 애기 중 선택해야 합니다 어쩌면 둘 다 사망할 수도 있습니다
안경잡이 의사는 안경 너머로 바위 하나를 더 얹어준다

의사는 안 되겠는지 그럼 최선을 다할 터이니
직접 수술 장면을 보라고 한다

의사는 핏덩이를 거꾸로 잡고 흔들었다
반응이 없자 궁둥이를 때리고 때렸다
의사는 심폐소생술을 했고
그제야 아이는 인간 부화기에서 탈출했다

천 개의 입

의사가 후두경으로 입안을 비춘다
내시경 불빛은 붉은 반점을 파노라마로 보여준다
입속에 붉은 입
말 못 하는 입
입이 아픈지 말이 아픈지

헤르페스라고 하는 색시 감염병
약 처방해 줄 테니 당분간 일하지 말고 쉬세요

입에서 입으로 안 해본 것이 있나
입이 항문이 된 적도 있나
입속으로는 안 해본 말이 있나
입으로 안 먹어본 것이 있나

입이 항문이 되고
입이 자궁이 되고
입이 식당이 되고
입이 성기가 되는

입은 입으로 살고 죽는

입맛을 다시는 입

핵탄두 미각을 가진
통증 미사일을 가진
쾌락의 문장을 가진
색각의 느낌표를 가진
임종에도 둥둥 떠다니는 입

천 개의 혀, 천 개의 설음(舌淫)을 하며

MRI 영상

가쁜 숨 몰아쉰다
생명선인 링거 줄을 온몸에 달고

몸이 이동용 침대에서
하얀 시트에 싸여 원통형 요람 속으로
떠밀려 들어간다

숨 멈추면 자장 속에 내가 돌아가고
숨 쉬면 자장 속에 우주가 돌아간다

영상은 좌우가 뒤바뀌어 표정 없이 마주 보고
영상 속의 진단은 흑백으로 인화되어 울음 웃고
영상 속의 병명은 천연색으로 웃음 운다

자장 밖 나는 나선형으로 나가고
자장 안 나는 나선형으로 들어온다

회전하는 기계음 감은 눈 뜨고

원통형 속에 달을 본다
혈관으로 들어가는 달빛 조영제
조영제는 벌레 먹은 몸속에 사리로 남아
부도의 흔적을 세울 수 있을까?

부도의 생각을 내려놓고
틀니마저 뽑아놓은 목숨줄 가쁜 숨을 토해 낸다

내 몸에 침투한 MRI 자장
요람에서 들숨과 날숨을 왕복하며
생에 흔적들을 추적하며 흑백 영상을 기록한다

내가 나를 보고 내가 긴장하는 MRI 흑백사진
영정사진 같은 검은 영상, 생과 사를 판독한다

바퀴와 나

1

차를 갓길에 정차하고도
엔진룸은 연기가 뭉실하다

견인차로 폐차장으로 끌려가며
경광등이 곡을 하며 갓길을 달린다

폐차장 차대 번호를 입력한다
출생부터 지금까지 달려온 길
출고부터 여기까지 살아온 길
날짜순으로 병력 차트에 나타난다

얼마나 많은 허기의 헛바퀴를
목숨 걸고 쉬지 않고 달렸던가?

2

대학병원 호스피스 병실
모든 걸 포기한 듯

감았던 눈 다시 뜨고 껌벅인다

죽음을 연장하는 링거액도
산소호흡기도 더 이상 필요 없는
통증보다 깊은 잠
진통을 죽여야 하는

누군가 내 손을 잡고 가지 마 해도
어디론가 가고 있을 나를
목숨 걸고 쉬지 않고 달려던 삶의 바퀴를

스냅 풍경

분만실에서는 쌍생아가 태어나고
아빠의 미소 통장에 근심이 입금된다

중앙수술실 복도 앞에 가족이 모여
수술환자의 무사를 빈다

진료실에는 복잡한 진단명들이 책상 위에 쌓인다
의사는 모니터 창 너머로 의학용어들과 싸우며
고통의 낱말을 치료했으나
수술의 단어는 더 이상 소용이 없다

장례식장에는 벗어놓은 구두들이 문상하고
검은 리본을 단 어린애만 아빠를 찾다가 잠들었지만
새벽이면 영구차에 마른 눈물을 싣고 떠나갈 것이다

누군가 태어나고 누군가는 죽고
그 순간에도 나는 피 묻은 수술 장갑을 벗고
목구멍에 마른 김밥을 집어넣는다

병원 정문 차단기는 끊임없이 열리고 닫히며
자동차들은 쉴 새 없이 삶과 죽음을 실어 나른다

누가 나를 훔쳐보는가?

정든 나를 버리고 떠나야 할 병명
창가에 뭉친 통증이 흔들린다

어둠은 멍울이 지고 하혈은 멈추었다
척추에 꽂힌 무통 주사
걸어서 내 방에 가고 싶은

이대로 눈 감는다면
눈곱 묻은 꿈이 전부

며칠째 앓고 난 귀 헛소리를 한다
곡기를 끊은 뱃속이 징징댄다
죽을 맛인 죽을 밀어 넣고
나를 연장할 알약을 삼킬 때
설태가 끼인 혓바닥이 살아 있음을 통각한다

우두둑우두둑 눈물을 씹는다

임파선에 전이된 검은 포도송이 동통을 남기고
하혈을 멈춘 나팔꽃이 바람에 날려 빈집이 된다
침대를 비우는 순간
포승줄도 없이 수감된 암 병동 죄수들
지하 냉동 예식장으로 간다

난 집에 갈 수 있을까?
빈 침대는 혼자 병명을 앓는다
선잠 속, 유체 이탈을 한 내가 나를 훔쳐보고 있다

불두(佛頭) 접합수술

경주 남산 머리 없는 돌부처
내 소원은 그의 머리를 얹어주는 일

수술 전 불두를 내 목 위에 얹어보고
염화시중의 미소도 그려본 후
고개를 연신 끄덕끄덕하고 수술을 시작했다

집도의 손놀림은 빨라지고
전공의는 불두를 잡고 씨름하고
약사여래 손으로 경추와 기도, 식도 순으로 봉합했다

손이 파르르 떨리고 방울땀은 마스크 밑까지 흘렀지만
동맥과 정맥의 연결은 미세수술로 극복했다

인공호흡기는 날숨과 들숨으로 걸어가고
심전도 파형은 궤적을 그린다

수혈이 끝나고 마취과 교수가 폐포에 환기를 시작하자

불두 이식이 끝나고
천수(天壽) 동안 돌지 않던 혈관에 겸자를 풀었다
정지된 심장은 박동을 시작하고 혈압은 정상 복귀되었다
불두는 자비의 미소를 띠고 고개를 끄덕이고

부처님, 누가 왜 목을 가져갔나요?

범인의 자손까지 다 기억하는 부처
오직 그 사람만 기억에 없다고 한다

아수라

식은 컵라면을 목구멍에 밀어 넣고
당직실 컴퓨터 앞에서 호출받는다

분만실에서는 조금만 더 조금만 더
온몸에 힘을 주라고 아니면 배 짼다고
영안실에서는 아이고 아이고가 한창이다

출생은 본인이 울고
죽음은 타인이 우는

병동에서는 코드 블루를 알리는 스피커
응급실 정문으로 들어오는 사이렌
경광등은 번쩍이고 휴대폰이 경기(驚氣)를 한다

응급실에는 심폐소생술
병실에서는 퇴원 준비
암 병동에서는 무너지는 석탑
날숨과 들숨 사이가 멀어져 링거병을 뗀다

분만실 울음과 영안실 울음 사이
나의 울음과 타인의 울음 사이

차마

암 병동
모르핀 주사에 잦아든 신음

간호사실 모니터 앞에서 본 췌장암 환자
온몸으로 전이된 단층촬영 영상을 보며
수많은 의학 증례와 치료 계획을 세웠으나
종양 의학의 한계점은 극복할 수 없었다

회진 시마다 "운동 많이 하시고 식사 많이 하세요." 담당 의사의 말
그는 온몸에 링거액을 달고 폴대를 졸졸 밀면서
양쪽 병원 복도를 끊임없이 오간다

복도 반대편에서는 환자의 젊은 아내가
멍한 눈으로 그를 지켜보고 있고
나는 모니터 너머로 환자와 아내를 번갈아 본다

통증 완화제는 바닥을 드러내고

처방전은 병동 지하 예식장 냉동실로 예약해야 한다

내가 해줄 수 있는 게 아무것도 없다
에둘러 진단명에 전이된 병명을 적어 넣는다

차마 하지 못할 말
차마 뱉지 못할 말
내일 퇴원하세요

너의 이름으로 살아가라

엄마 품에 안기기도 전에
심실에 구멍이 나고 혈관이 뒤바뀐 선천성 심장병
무색 무영등 속 엄마의 이름으로
핏덩이가 숨만 헐떡인다

구멍 난 가슴에 톱질하고 심장을 열어
형벌을 받는 응급수술은 길고 험했다

인공심폐기가 돌고 심장에 얼음이 채워지면
생사의 경계에서 해탈의 경지로 넘어간다

집도의 손놀림이 빨라지고 출혈 또한 잦아들면
홀연히 심전도의 파고는 정상 비행을 하고
아기의 검푸른 입술이 빨갛게 돌아오면
내가 너를 살린 게 아니라 네가 나를 살렸다!

아가야, 오늘까지 엄마의 이름으로 살고
내일부터는 너의 이름으로 살아가라

제2부
타인의 외딴집

돌의 꿈

몽정한 꿈!
가끔은 쓰레기를 사서 먹는 꿈을 꾸기도 해
종종 하지 않을 수 없는 일을 하기도 해

책장에 누워 있는 문학전집 먼지만 마셔
전집처럼 산다는 것은 하품 나는 일

어떤 때는 사는 일에
팔다리가 마비되고 말이 어눌하기도 해

어느 날은 눈 깜박이는 일에
푸른 신호등이 비상등을 켜기도 해

도로에는 빨간 자동차 경광등이 울음을 쏟으며
불빛에 꼬리를 물고 빌딩 사이로 사라지기도 해

여기가 어딘지 묻다가
돌과 뒹굴다 날아가는 꿈을 꿔

돌의 고고학

황금보다 비싼 시대에서 돌은
칼이 되고 도끼가 되고
고기잡이 작살이 되고
물에 숨어들어 거물의 추가 되었죠

돌은 늙고 풍화되어서 바위였다가
자갈이었다가
모래였다가 흙이 되죠

내가 죽어 흙이 되면
흙은 토기였다가 토우였다가
순장되어 토용으로 태어나죠

돌의 연대기는
고인돌이 되었다가
석곽이 되었다가
석탑이 되었다가
돌다리가 되기도 하고

부처가 되기도 하고
돌에 글을 새겨 비석이 역사가 되죠

누군가 돌같이 살라 하며
고인돌로 암각화로 태어났으면 해요

손 걸음

1
할머니는 곡기를 끊어 굶겨 죽이자고 했다

엄마, 마비 바이러스에 걸린 갓난애
젖 대신 술 찌꺼기를 끓여 먹였다

아이는 빨간 홍역에 취해 술주정 옹알이를 했다

2
휠체어를 버리고 목줄을 매었으나
줄은 미안하다고 잘못했다고 비껴갔다

휠체어에 앉아 걸어온 주행거리만큼
손으로 굴린 속도만큼 아픔도 같이 흘러왔다

손으로 걷는다는 건
죽음 앞에 서성이는 고통을 잡고
버릴 수 없는 생을 온몸으로 껴안아 굴리는 것

굴려서 걷는다는 건
생의 은행에 예금한 슬픔을 인출하여
고통의 주행 비용을 갚고 산다는 것

3
생이여, 서서 걷는 다리를 가불해 주게
굴려서 손 걸음으로 갚아 주겠네

고래는 하늘로 날아가고

1

고래를 바위벽에 잡아 놓았다
숨구멍에 작살이 날아다니던
석기시대의 고래잡이 터

쪽배를 타고 고래의 숨구멍에 작살을 꽂자
피바다가 된 숲의 야영지에서
새끼 업은 고래가 하늘로 날아간다

2

장생포의 선술집 사이로
검붉은 고래고기 절어 있다
피 묻은 손으로 고래고기 한 점 찍어
비릿한 바다를 먹는다

출렁이는 포구의 불빛

선술집 창 너머 젓가락 장단에

사내들은 해체해 놓은 고래처럼 선잠에 담기고
바다의 숨비소리 포구를 때린다

기다려도 오지 않는 고래 찾는 장생포
먼바다 고래 울음소리 환청에
포구도 바다도 잠들지 못한다

분교 종소리

수업 시작 종소리 숙제로 울었다
난로 위 층층이 쌓은 도시락에 누룽지가 붙었다
구슬치기와 팽이 돌리기
계집애들 고무줄 끊기
오징어게임, 땅따먹기에 금을 지워
미운 털을 키웠다

계집애의 울음소리에 불이 난 내 손바닥
떠드는 친구의 이름이 칠판에 올라가고
화장실 청소 당번은 내 단골 메뉴가 되었다

계집애에게 하지 못한 말

오지 않고 가버린 유년의 시간들이
저편 하늘에서 종소리로 울린다

가을 택배

폭발하는 여름 끝
주문하지도 않은 서늘한 바람이
가을을 새벽녘 대문 앞에 놓고 갔네

올해는 서둘러 첫서리도 내려놓고
빨간 햇과일도 넣고
마른 나뭇잎은 가득 실어왔네

고향을 담아 온 가을 상자
계절은 가고 철 지난
폭우와 태풍을 담아 오기도 했네

빙하가 녹는 온난화는
우리가 주문한 계절상품이네

내년부터 가을 택배는 늦어질지도
배달되지 않을지도 모르겠네

실크로드 환승장에서

실크로드 바람 깃을 타고 내려앉는다
사막을 지나 대륙의 끝에서 생각은 흑화된다
몽환은 날개깃에 숨어
출입국 심사대를 통과하고
어떤 생각은 별을 훔친 흔적으로 호명된다

삑— 알람의 순간,
가방의 지퍼가 벌려지고
양팔을 들고 신발이 벗겨지고
물음표의 심문은 계속된다
유리벽을 통과한 물 한 병이 다른 세상으로 끌려 나간다

목젖이 떨려오고 커피 색깔이 붉다
칼날에 베인 생각이 사막의 극지로 내몰린다
환승장에서 날개를 잃은 시간
심문은 바닥을 비행한다

의문문의 안전핀이 X-ray를 통과한 후

오케이 사인이 떨어진다
생각은 게이트 불이 깜박일 때까지
불안의 날개를 접고 앉았다

지구에서 하늘로 환승할 구역
하늘까지는 길고 아득했다
종착지로 가져갈 짐도 없는 환승객
중력이 없는 환승장에서 대기하고 있다

스무 살의 눈사람

벌건 밤하늘이 보여

내 고향 함경도에 내리는 눈

우크라이나 방공호
시베리아에 훈련하러 온 줄 알았수다
내래 감자 강냉이라도 실컷 먹고 싶었수다

밤새 전우들이 불바다에 샛별이 되었어

흰 눈이 내렸어
스무 살에 눈사람이 되었어

눈이 없는 눈사람
내일이 오면 누가 내 손 잡아 줄까?
내일이 가면 누가 나를 기억해 줄까?
얼은 눈썹달
내 고향 함경도에도 흰 눈이 내릴 거야

이건 꿈인 줄 알았어
우크라이나에 흰 눈이 내렸어
꿈속인데도 엄마 얼굴이 보여
고향에서도 흰 눈이 내렸어

조명탄 불빛, 폭격은 지속되고
스무 살에 눈가루로 흩어졌어

포노 사피엔스

엘리베이터 탄 할머니
젊은 할아버지에게 손주 다 키웠죠 묻는다
벌써 고등학생인걸요

지하철 2호선 환승장에도
탑골공원에도 청량리 뒷골목에도
음식점에도 카페에도 노인뿐

파크 골프에다 스포츠 댄스
노래 교실부터 외국어 회화 학원까지
복지관 창작 교실에서도
급식소에서도 줄을 서고
집에서는 늙은이가 늙은이를 돌본다

옆 지기한테 짐 되지 말고
아프지 말고

할머니가 먼저 가고

할아버지가 먼저 가도
손바닥 폰만이 내 세상!

몽돌, 침묵의 아우성

학동 포구에서 몽돌 하나 주웠다
태양에 달구어진 몽돌 집어
주머니 속에 넣었다

뒤집어 매만지면서
몽돌의 과거를 상상한다

한때는 마그마였다가 바위였다가
모난 돌이었다가 몽돌이 된
한때는 꿈이었다가 청춘이었다가
꽃이었다가 바스러진 풀잎이었다가

바람이 불 때마다 아우성치는
온몸이 으스러지는 소리
입 다물고 울음 우는 몽돌

모래시계 위에 올려놓은 부대낀 몽돌
밤이었다가 낮이었다가

슬픔이었다가 기쁨이었다가
만남이었다가 이별이었다가
울부짖는 고요

부서지는 묵언의 파도
들숨과 날숨으로
칼날의 시간을 이어주는

몽돌, 침묵의 아우성을 삼킨다

가시오이 달래기

가뭄이 한창인 텃밭에
애기 가시오이가 엄마 가시오이에게
엄마 덥고 배고파 죽겠는데
왜 텃밭 주인은 우리에게 물을 안 줘
투정을 부린다

엄마 가시오이는 애야,
목마른 고추는 빨갛게 타고
참깨는 지치고 시들어 고개를 숙이고
호박은 복더위에 누렁 박이 열려 널브러져 있는데
우리는 아직 푸르게 달려 있지 않니

새끼 가시오이는 엄마에게
개들도 밥 주고 주인도 밥만 잘 먹는데
며칠이나 굶은 우리에게 물도 안 주면
우리는 어찌 살라고요

주인은 세상 텃밭에

시(詩) 뿌린다고 바빠서 그래
돈도 안 되는 시라도 뿌리고
글도 안 되는 글이라도 쓰고 나면
금방 물을 줄 거야

물 달라는
노란 꽃 몽우리 새끼 오이들이
서로 키 재기를 하며
주인이 시 뿌리기가 끝나길 기다린다

무연고 사회학

다가구 주택 우편함 청구서들
계약자 불명 앞으로 줄지어 서 있다

고지서 독촉장 법원 등기 물
단전 단수 붉은 경고문

반지하에 널브러진 쓰레기봉투
벼랑 끝 건강보험료 체납서

몽골 기마인 후손인 그가
도시인의 월세인이 되고 나서는
달빛에 멀미하고
장맛비 하수구 폭포 소리에 혼절했다

그림자도 없는 수취인이
무연고 화장장으로 끌려가자
죽음이 압류당한 생의 부채를 갚아 주었다

서방이 서방질하는

냄비 바닥을 태우는 사람

아파트 문을 닫고 열쇠를 채워도
기억은 도망을 가고
늙은 아이가 된 그녀는 나를 오빠라 한다

그녀와 같이 있지만 나는 먼 사람
그녀는 늙은 오빠의 손을 놓고
사랑해 사랑해, 거짓말이야 거짓말이야 노래하며
그녀는 울다가 웃고 나는 웃다가 운다

그녀를 침대에 뉘어 놓고
그녀의 기저귀를 갈고
건포도 같은 젖꼭지를 만진다

되지도 않는 서방질
그녀는 수줍어하고 나는 흐느낀다

아이스 아메리카노

내가 살까? 라는 눈빛은 공짜로 먹고 싶다는 소리

필요가 있을까? 아는 척하기는
한겨울 아이스 아메리카노는 중독
검은색에 중독된 우린, 무중력 상태일까?

별들이 빅뱅을 하고 얼음별들이
검은 컵에 눈물을 흘리고 있어
한겨울에 먹는 아이스 아메리카노
얼어 있는 허기를 오독 오도독 훔쳐 먹는 낮과 밤

목젖에 넘어갈 때는 얼음은 뜨거워
빈 컵에 얼음을 동동 띄워야겠어
얼음별로 라면을 끓일 거야
하늘에 별이 와르르 쏟아지겠지

컵 언저리에 입술이 닿을 때마다
빈 생에 달콤한 키스는 시려

검고 시린 별빛이 녹고 있어
갈증이 허기를 삼키고
허기는 혀끝에서 입속으로 발레를 하곤 해

폭삭 좋아서
반복의 중독, 아이스 아메리카노!

부고장

늙은 어미 요양원에 갔다
걸던 폰은 코로나를 핑계 삼아
몇 년째 통화 중

추석 전날, 어미는
꽃상여도 상주도 없이
소각장으로 갔다

아들은 반지하방에서 컵라면에 국물만 남긴 채
기저질환으로 끝이 났다

무연고 공영 장례식

둥-둥-둥- 내 죽음을
누구에게도 알리지 마라

아무에게도 알릴 데가 없어
시신이 쓴 부고장

아무도 오지 않는 날이

조문을 했다

늙은 새댁

한가위를 보낸 늙은 새댁들이 마을회관에서
생생한 세월을 프라이팬 위에서 굽고 있다

치다 만 화투장처럼 회관 방바닥을 뒹굴다
철 지난 기억들을 오물오물 씹으며
낡은 수다로 남은 생을 소비하고 있다

늙은 아내를 새댁이라 부르며
동네 대소사는 간식처럼 챙긴다
추석에 먹다 남은 송편을 싸 들고 와서는
서로를 먹인다

토막 난 말들이 더듬더듬 입속에서 구르고
온종일 방바닥을 굴러다니는 판돈의 동전처럼
그녀들의 일과는 뒹구는 시간을 업고 간다

색동저고리 족두리 서방님
돌 지난 자식 애장한 독 항아리

그녀들의 기억을 냉동실에서 끄집어낸다

삭은 세월의 가게
심심풀이 고스톱에 패대기를 치다가
늙은 새댁들 불 꺼진 빈집으로 간다

시 없는 시집

시 한 줄 쓰고
시집 속에 누워 시를 읽는다

단어와 단어 사이에 쉼표
문장과 문장 사이에 느낌표
행과 행 사이에 물음표

한 줄의 시
한 줄의 따옴표
마르지 않는 고통

슬픔은 기쁨에게로 가는 언어
물음표에게 길을 묻는다

아무도 읽지 않는 시에
마침표를 찍는다

순간 빠뜨린 골뱅이의 점,

시는 날아가 버리고

시집 속에는 한 줄의 시도 없다

막장 늙은이

난 막다른 늙은이

나보다 먼저 떠난 당신이 손짓하고 있어요

사실 내가 더 두려운 거죠

밖은 춥고 어두워
나뭇잎은 검고 나보다 더 늙어 보여요

내가 먼저 떠났어야 했어요

잠 속에서 흰 눈이 내려요

늙는다는 것은
후회와 자책을 쌓는 것뿐이에요

난 더 늙을 것 없는 막장 늙은이예요

제3부
서라벌의 달

경주 남산 돌부처 씨

경주 남산에 머리 없는 돌부처 씨

광배도 없이 천 년 동안 앉아
침묵의 말을 하고 있네

머리 없는 바보
미치지 않고
말 없는 말 하며 말없이 앉아 있네

남산 천룡사지

산이며 계곡이며 석간수까지 필사한 가람 터
흘러가는 구름이 폐사찰에 불사한다

기와를 이고 탑돌이 하는 보살들
바람에 무너진 석탑이 독경한다

이끼 낀 주춧돌이 가람을 증명하는
목어와 불경 소리 넘친다

소복 차림 여인 부처 앞에 섰다
열녀문의 주인공 천룡사 천녀의 아들을 점지받았다

양손으로 받은 아기는 씨앗으로 퍼져
대웅전 주춧돌이 되고 기와장이 되어 불전을 세웠다

댓돌 위에 신발만 남겨놓고 사라진 문수보살
염불은 아들처럼 간절하고 풍경 소리 바람에 운다

석등에 불이 켜지면
돌거북 풍등을 업고 구름 위로 날고

공덕비 묻히고 열녀문 닫히고
바람 소리 당간지주에 걸린 탱화를 흔들며 지나간다

포토즘 사피엔스

허블 망원경 우주 시대
하늘에 물어 백성을 살핀 시대
왕들의 무덤 사이에 서 있는
돌을 깎고 다듬어 쌓은 첨성대

지진에도 무너지지 않고 버티고 서 있다

신라 왕은 첨성대로 백성을 살피고
어떤 시인은 첨성대로 시로 등단하기도 했다

주말이나 공휴일에는 첨성대에 와서
스마트 폰에 하나, 둘, 셋을 모아 쌓으면
첨성대는 하늘에 닿을 것만 같은

그믐달에 해바라기꽃이 별이 되었는지
경주에는 달이 없어 야간 조명을 밝혔는지
이젠 첨성대는 하늘의 별을 보지 않는다

첨성대는 포토존의 포토즘 사피엔스일 뿐
사람들은 죽음을 보기 위해 천마총으로 들어간다

시의 꿈

보희가 꾼 꿈을 팝니다
돈으로 살 수 없지만
꿈으로는 살 수 있습니다

당신이 꾼 꿈을 이룰 수 있다면
삼국통일을 이룰 수 있고
선화공주가 될 수도 있어요

꿈을 삽니다

당신이 꾼 꿈은
요석공주와 원효가 파계한 사랑
이두와 한자가 통정한 향가

자음과 모음을 합궁시키는 꿈
언어와 리듬이 간통하는 꿈
지독한 시와 합방하는 꿈

시의 슬픔과 아픔

카타르시스를 사정없이 사정하며

오르가슴으로 치달려가며 통정하는 꿈

시간과 공간을 거슬러 올라가 날개로 나는 시의 꿈

경주에 갈 때는

경주에 갈 때는 앉아 자는 자를 데리고 가자
월성의 벚꽃 바람에 옷자락이 날려도
월정교 달빛에 그림자가 길어도
경주에 갈 때는 잊지 말고
신라의 두건과 단령*을 입고
스마트폰 챙겨서 경주로 가자

다 볼 수 없는 경주를 다 보고
쓸 수 없는 역사를 다 쓰고
촬영할 수 없는 유물들을 다 촬영한다는 각오로
가고 싶은 곳 보고 싶은 곳
먹고 싶은 곳 찾아 경주로 가자

분황사 석탑이 무너지기 전
선덕대왕 종이 깨어지기 전
경주에 갈 때는 앉아 자는
반가사유상을 데리고 경주로 가자

골목골목 옛길 바닥을 핥으며
누워 자는 죽음을 읽으며
노천 박물관 오솔길로
죽음처럼 앉아 자는 자를 데리고 경주로 가자

발굴되지 않은 나의 무덤 속
도굴되지 않을 나의 봉분 속
누워 자는 방으로 들어가
앉아 자는 나를 밀봉해 버리자

경주에 갈 때는 앉아 자는 비행선을 타고
천마를 타고 간 왕을 알현하려 경주로 가자

---

*신라의 전통 복식.

국밥 한 그릇

산복도로 단칸방에서 두 딸을 낳고 아내는 콩나물 대가리로 생계를 팔며 산다는 것에 목숨을 걸었던 시절이 있었다 아내는 돼지국밥 세 그릇을 시켜놓고 주인아주머니에게 빈 그릇 하나만 달라고 했다 막내딸은 언니와 나누어 먹였다

큰딸이 혼자서 한 그릇 다 먹어도 배고픈 나이가 되자 아내는 주인아주머니에게 국물 한 국자만 더 달라고 했다

손녀를 데리고 국밥집으로 외식을 갔다 아내는 국밥 세 그릇을 시키고 빈 그릇도 하나 달라고 했다 가만히 앉아 있던 막내딸이 “엄마 국밥 한 그릇 더 시켜줘.” 했다 아내는 “왜?”라고 물었다 딸은 “엄마! 내가 어렸을 때 언니는 한 그릇 시켜 주고 나는 한 번도 한 그릇 시켜 준 적이 없었어.”

가난한 아빠가 한 그릇 값을 더 낼까 봐 걱정했던 딸은 자기 애에게는 꼭 한 그릇 시켜 주고 싶다고 했다 아내는 돌아앉아 물수건으로 눈을 훔치고 있었다

생계를 팔던 피아노 건반은 아내의 심장을 두드렸고 아빠의 국밥을 뜨겁게 적셨다

청개구리傳

장맛비,
예천댁 산사태로
잠결에 쪽배도 없이 바다로 갔다

낙동강 포구마다 포스터를 붙이고
강바닥 자갈마당에 대침을 놓아도
황도물 타고 간 예천댁 돌아오시 않았다

예천댁 아들
비만 오면 한바탕 울음 쏟아내고
강 언저리에 가묘를 하고
손자며느리까지 불러 하늘에다 곡을 했다

장맛비 그치자,
당산나무 아래 달빛 연못
청개구리 함께 곡을 했다

한가위는 한가한가?

시골집 한가위 보름달 아래 모인 자동차들

큰아들의 월광 소나타는 노모에게 약은 꼭 챙겨 먹으라고 부릉부릉한다

작은아들의 축제 카니발은 고향 친구들과 술판에서 빵빵하며 대기한다

작은딸의 좋은 모닝은 노모의 속옷을 빨며 "아이고 우리 엄마 빨리 죽어야지" 입에 발린 수다를 뜬다

파독 간호사 큰딸의 벤츠는 노모의 배웅을 받는다 엄마! 밥 잘 먹고 꼭 아프지 말고 응! 응! 늙은 엄마는 차 문을 잡고 "이제 언제 보겠노 내 걱정 말고 어서 가거라." 한다 모녀의 눈물을 인천발 프랑크푸르트행 비행기편에 실어 보낸다

한가위 보름달이 지자, 시골집에 노모만 남았다

칠순이 구순에게

칠순의 딸이 구순의 어머니를 깨운다
구순은 칠순이에게 밥 달라 보챈다
밥 먹고도 돌아서 밥 달라고 아우성친다
구순이 밥 먹었냐고 또 묻고 칠순은 또 밥을 먹인다

아웅 아웅 욕을 하며 약을 먹이고
중얼중얼하며 늙은 아이가 경을 읊는다

바스러지는 기억의 날은 밥알처럼 흘리고
어젯밤에 먹은 수면제는 망각을 소화시키고
칠순은 구순의 기저귀를 갈 때마다 아이고 아이고를 외운다

죽음은 죽음을 모르고 불행은 기억을 잊었으니
웃을 일도 흘릴 눈물도 없겠다
구순은 밥 먹었는지를 또 묻고 칠순은 밥을 또 먹이고
한 숟가락에 깨고 죽는 알약을 먹인다

딸이 엄마이고 엄마가 딸이고

누가 누구인지 모르는 딸과 엄마
노인이 귀신을 돌본다

춘래 할머니의 여행

할머니 아들 이름 뭐예요 어디에 사세요
제주도 서귀포시 행정복합 치안센터
바닷바람에 할머니 떨고 있다

김 순경 어린아이 다루듯 어리고 달래도
할머니는 묵비권
참다못한 여 경찰은 자기 잠바를 벗어주고
"저도 할머니 같은 어머니가 있습니다" 안아준다

지문 채취를 하고 아들에게 전화를 건다 결번이다!
며느리한테 전화한다
진춘래 할머니 아세요? 빨리 모셔 가세요
수화기 너머로 들리는 여자 목소리
그런 사람 몰라요 알아서 하세요
전화 끊긴다
치안센터 소장님 문자 보낸다 응답 없다!

"절대 우리 아들은 그런 사람이 아이다. 절대 아이다."

아들 감싸는 할머니

마지막 효도 여행은 할머니의 신혼 여행지에서 끝이 나고
봄날은 갔다

정구지꽃

내 어미, 무쇠솥 아궁이 재를 퍼다가
정구지 밭에 뿌렸지

샛바람 불어 땅을 뚫고 나온 햇정구지
내 아부지 똥장군 지게 지고
정구지 밭에 소피 뿌렸지

살이 오르면 내 어미가 썰어 넣은
매운 고초와 어울려 부친 정구지찌짐
밥상 위에 오르면 온 가족이 잔치했지

찬 바람 부는 어느 날
빨갱이로 잡혀간 우리 아부지
푸른 정구지에 흰 꽃이 피어도 돌아오지 않았고

늦바람에 흰 정구지꽃 피어나면
집 떠난 아부지 흰 두루마기 자락 날리며 돌아올 것 같아
예순이 넘은 아들 아직 기다리고

엄마와 육개장

화구에 불을 붙이자
엄마는 불길 속에 살이 타고 뼈만 남아

뜨거운 불길 속에서도 아무 일 없는 듯
팔다리가 오그라들며 마지막을 사른다

아무도 울지 않는 엄마의 다비식

엄마를 화구에 밀어 넣고
자식들은 식당으로 몰려간다

돼지 수육에 새우젓을 얹어 욱여넣고
육개장에 둥둥 떠다니는
엄마의 생을 비운다

국민 오빠

전화 받지 마 오빠!
하룻밤을 새워도 꽃씨는 피어날 거야

텃밭에 꽃씨 꽃들에는 햇볕
꽃씨의 눈물 꽃들에는 옹달샘

오빠! 여긴 꽃들이 숨어 사는 정원
당신을 오빠라고 부르지
어떤 때에는 아빠라고도 하지만
그 나라에서 꽃들은 오빠라고 해
아무리 부정해도 오빠를 아빠라며
파렴치한 놈이라고 욕을 하기도 해

텃밭에 꽃씨 꽃들에는 햇볕
꽃씨의 눈물 꽃들에는 옹달샘

오빠는, 아무것도 몰라
난 낮별을 본 남자에게 받아쓰기를 했어

꽃씨 확인서와 옹달샘 청구서를 카톡으로 첨부할게
오빠는 우리의 오빠가 아니야
오빠! 가끔은 전화할게, 전화 받지 마 응!

텃밭에 꽃씨 꽃들에는 햇볕
꽃씨에 눈물 꽃들에는 옹달샘

페이스톡

어머니는 시골집 장남의 씨받이로 들어갔다 아버지는 어머니와 나를 남겨두고 뇌출혈로 사망했다 씨받이 족보에는 마침표를 찍고 농아인 어머니와 나는 그날 이후 외갓집에서 얹혀 살았다

외할머니가 돌아가신 뒤에는 어머니와 함께 외갓집을 나와 구걸하며 살았다 어떤 날은 물배를 채웠다 어머니는 나를 굶기지 않으려고 빈 젖을 물렸다 나는 빈 젖을 만지며 잠들었다

어머니를 위해 의사가 되려고 공부했지만 가난한 형편에 의사가 아닌 간호사가 되었다 어머니와의 대화는 어-어-와 눈빛으로 알았다

결혼 후 시골집 단칸방에 남은 어머니는 손녀가 보고 싶어 자주 페이스톡을 했다 아내는 어머니의 농아 흉내를 낸다고 아이들에게 페이스톡을 일절 못 하게 했다

어느 날 스마트폰 게임만 하던 딸아이가 놀이터 구석진 곳

에서 할머니와 수화로 페이스톡을 하고 있었다 나는 멀리서 딸아이의 통화를 엿들었다 할머니 밥 먹었어? 할머니 사랑해! 할머니 아프지 마! 와이파이를 타고 온 페이스톡에는 눈물 어린 빛나는 별들이 수화처럼 반짝거리고 있었다

육동댁

육동댁 생일은 사월 초파일
생일상 차려 주려 딸이 친정집 찾아가면
보살 엄마는 출타 중

올해도 사리암으로 갔으리라
산사 입구 버스에서 내려 산길을 걸어서 갔으리라

주차장 차 안에 십자가를 두고 암자로 올랐다
엄마는 사람과 사람 사이에서 연신 합장하며
납작납작 엎드려 절을 한다

당신 생일상은 받지도 않고
지폐 봉투 부처님 앞에 놓고
수백 번 절하고도 탑돌이도 한다

법당에 자식 등 남편 등
기왓장 어디에도 없는 육동댁 이름
99세 우리 엄마 이수기

세상의 비명

그 여자가 벗어놓은 뽕브래지어는 봉분을 잃고
세탁기 입구에 널브러져 있다
누런 삼각팬티는 주인 잃은 스타킹과 같이
아무렇게나 나뒹굴고 있다

민낯에 화장하고
가슴에 고인돌을 얹어놓고
가방을 싸 들고 가버린 그 여자

혼자 돌아가는 인공지능 세탁기
거품 가득한 구정물 세상 속

브래지어는 와이셔츠와 엉켜 있고
스커트와 바지는 서로 부둥켜안고
팔과 다리 소매는 비비고 문대면서
신음 소리를 내며 왈츠로 돌아간다

자동적 난교다

두식이 아재

두식이 아재가 소리친다
"내가 뭘 잘못했는데 밥도 안 주노."
"그래 이 양반아, 종일 술만 마시면 밥이 나오나 돈이 나오나."
밀양댁 입에 거품을 물고 두식이 아재를 몰아세운다
평생 소작농으로 일자 무식꾼 두식이 아재
아무 소리도 못 하고 묶어둔 흰둥이처럼
꼬리를 내리고 밀양댁 치마끈만 쳐다본다
매번 밀양댁에 혼나도
술을 끊지 못한다
한번은 우시장에 소 팔고 오다가
술 한 잔에 소 판 돈을 몽땅 잃어버린 적 있다
화난 밀양댁 영감탱이 오늘 니 죽고 나 죽자 하며
시골 마당에 놋요강을 날렸다
"저 앞 진들 논도 내가 샀고 뒷산 비탈밭도 내가 샀다."
"둘째 놈도 내가 대학 시켰고 막내 놈도 내가 취직시켰다."
"그래 니가 한 짓이 뭐가 있노."
고래고래 고함을 친다

두식이 아재 찍소리도 못 한다
찬물 같은 깡소주를 연거푸 들이켜며
세상 참 많이 좋아졌다 하며 헛기침만 해댄다
밀양댁의 콩 바가지 욕은 하룻밤만 자고 나면 박살이 나고
튀는 콩은 아침밥 속에 웃고 있다

그날 저녁, 사랑방 불빛은 빨리도 꺼졌다

세상의 문법

교회 빌딩 십자가 위에 피뢰침 꽂혀 있다
하늘에 계신 아버지 땅의 아들을 참수했다고

구원받으러 간 아내 진종일 어깨띠를 하고
예수를 입에 물고 거리에서 풍선껌을 씹는다

교회 목사님
자본에 자리를 뺏긴 아버지
지하철 구석에 종이상자를 깔고
쪽잠을 청하는 예수의 아들이 보이시나요
당신이 만든 종교전쟁 총소리 들리시나요

갈보리 언덕 위에서 참수당한 아들을 안고 있는 어머니
용서할 수 없는 용서를 용서했나요

하늘나라 아버지에게 구원받으러 간 아내를
난 아니 사랑할 리 없지만
세상에 문법은 도치되어 있나요

이 땅에서 자식들이 아버지 손 잡고 천국 가면
나는 천국 아니 가도 좋아요
세상은 문법대로 살아지지는 않겠지만
아내가 없는 자본 주님을 사랑할게요

동네 목사님
일용할 양식을 주지 않는 아버지를 사랑할 리 없지만
한여름 밤 교회당 꼭대기에 천둥 치고 벼락이 울어
아내보다 당신을 사랑한다고 거짓말한 목소리에 피가 나요
밤새 피 흘리며 떨던 나를 벌 주세요

세상일 회계하는 자본의 십자가 밑에선
말씀 같은 새벽은 오지 않습니다

대머리 족보

준서는 밀성박씨 대종공파 19대 종손이다

시험관 아기로 태어나 내년에는 초등학교 입학할 예정이다

모유를 먹고 자랐지만 혈액암 투병으로
머리칼이 모두 빠져버렸다

학교 가면 친구들이 대머리라고 놀리면 어쩌냐는 준서에게
엄마는 머리칼은 이빨같이 빠지면 또 난다고 달래었다

시무룩하고 토라져 있는 아들을 보다 못한 아빠는
머리를 깎아 함께 대머리가 되었다

서로 대머리를 만지며 깔깔 웃는다

학교에 입학할 3월이 다 되어가도 나지 않는 머리칼
눌러쓴 모자를 들고 울고 있는 준서
원래 반 대머리였던 늙은 할아버지도 완전 대머리가 되었다

입맛 없어 하는 준서를 위해 오늘 저녁은 국밥집에서
웃고 있는 대머리 돼지국밥을 먹는다

어쩌면 준서가 짧은 여행을 끝내기 전

긴 머리칼 삭발하고 챙이 둥근 모자를 쓴 3대가
대머리 국밥에 새우젓 대신
연신 콧물과 눈물로 간을 한다

모자 대신 가발을 쓴 준서 엄마는 힘없이 숟가락만 젓고 있다

아내의 텃밭

아내는 텃밭에 장 보러 간다

왼쪽 좌판에는 고추 가지 상치 시금치부터
오른쪽 좌판에는 콩 고구마 감자 호박까지
뒤쪽은 감나무 포도나무 봉숭아가 몇 그루씩
자투리엔 자두나무가 화폭에 여백 없이 탄탄하다

아침부터 오후까지
이 채소 보고 저 나무 보고
종일 노래 틀어 텃밭은 버스킹 중

아내의 자연 시장에 오이는 생생하고
참외는 참신하며 풋고추는 알싸하다

아내의 텃밭은
한겨울에도 상치와 배추전이 가득하고
함박눈 쌓이는 좌판에서 시골장이 열린다

해설

극한의 고통을 넘어 안정의 세계로 가기 위하여

—박희곤 첫 시집에 부침

이승하(시인·중앙대 교수)

박희곤 첫 시집의 해설을 읽게 된 독자분들께

안녕하십니까? 저는 얼마 전에 경남 언양에 있는 오영수문학관에 가서 특강을 하게 되었습니다. 강의를 마치고 나서 문학관의 문영 선생님이 주선하여 저녁식사 겸 뒤풀이 자리를 갖게 되었지요. 문 선생님의 인품을 느낄 수 있는 자리였습니다. 문 선생님은 그 자리에 참석한 문하생 중 특별히 박희곤이라는 분을 지목해 제게 소개를 해주셨습니다. 병원에서 오랫동안 심장 수술을 위한 체외순환사로 근무한 분이다, 재작년에 시로 등단했고 올해 수필로도 등단했다, 시집을 낼 준비를 하고 있는데 잘 좀 살펴보아 주시면 좋겠다, 뭐 이런 말씀을 하셨습니다.

이력을 확인해 보았더니 부산대와 인제대 대학원을 다녔고 마산대에서 겸임교수를, 대구의 대구보건대와 양산의 동원대에서 외래교수를 했었습니다. 모교인 부산대학의 대학병원 흉부외과에서 일하다 양산 부산대 병원에서 정년 퇴임했으니 40년 넘는 세월을 환자들 곁에서 보낸 특이한 이력이었습니다. 의대를 나왔다면 의사가 되었을 텐데 병원 행정과 보건학을 전공했으므로 의사가 될 수 없었을 테지만 응급구조사, 임상병리사, 방사선사 면허를 갖고 있고 특히 체외순환사 면허를 갖고 있습니다. 장롱면허가 아니라 수술 현장에서 필요한 면허였으니 따내는 과정에서, 또 따낸 이후 얼마나 많은 환자를 만났을까요. 그 만남의 과정이 제1부의 시편을 이루고 있습니다.

시인은 미국과 싱가포르, 일본의 유수 병원에 가서 연수도 여러 차례 받은 경력이 있습니다. 학생들에게 보건의료 종사자나 간호사가 할 수 있는 역할에 대해 강조해 교육했을 테지요. 심장 수술이 행해지는 수술팀에서 의사과 함께 환자를 살리는 일을 했을 겁니다. 그래서 이 시집에는 이렇게 많은 환자가 나오는 것입니다. 자, 이제 제일 앞머리에 있는 시부터 제 나름대로 감상을 해볼까 합니다.

수술이 끝나고

완치의 기대를 채우기는 늘 부족했고
이식한 심장이 뛸지는 아무도 몰랐다

불안은 허둥지둥 떠다녔고
이식의 오류는 비껴가지 않았다

긴장은 오래도록 나를 숙성시켰다

수술 마스크 밑에 몰래 넣은 초콜릿
포도당이 분해되는 데는 채 몇 분도 걸리지 않았다
생은 먹고 배설 외 목적도 있다는 걸 잊고 있었다

박동을 기증한 사람은 죽음을 말했고
박동을 받은 사람은 침묵을 말했다

이식은 생과 사의 사이
죽은 사람도 죽을 사람도 살았다

—「심장이식」 전문

의학적 상식이 없는 해설자는 심장이식 수술의 성공률이 얼마인지 모릅니다. 이식을 일단 하고 나서, 한 사람의 심장이 다른 사람의 몸에 들어가서 박동을 하면 사는 것이고 하지 않으면 죽는 것이겠지요. 참 긴장되고 초조하고 불안한 시간이 흘러갑니다. 2연과 3연을 보니 수술이 그다지 성공한 것 같지 않습니다. 집도한 의사의 입에다가 누가 살짝 초콜릿을 넣어주었을까요? 꽤 오랜 시간 물도 밥도 못 먹고 수술을 했다면 몸도 마음도 완전히 지쳐버렸을 텐데, 그때 누가 입에 넣어준 초콜릿은 사막 횡단 중에 만난 오아시스의 물 같은 게 아니었을까요? 심장을 기증한 사람은 이승에 있지 않고 심장을 받은 사람은 의식불명입니다. 아아, “이식은 생과 사의 사이”에 있는데, “죽은 사람도 죽을 사람도 살았다”로 끝나는 것으로 보아 수술이 성공했나 봅니다. 죽은 사람의 심장이 산 사람의 가슴에서 박동하고 있다는 것, 현대의학의 개가라고 할까요, 예수의 부활 같은 기적이라고 할까요.

코드 브루(code blue)는 병원 내에서 심정지나 호흡정지 같은 생명이 위독한 상황이 발생했을 때 발령되는 응급 호출 신호로 응급상태를 지칭하는데 특히 심장마비가 온 환자가 발생했을 때 사용합니다. 심정지나 호흡정지가 오면 1초가 급하므로 환자를 바로 그 자리에서, 심폐소생술 즉 CPR, 제세동기, 산소공급 등 응급처치를 해야 합니다. 코드 블루는 환자의 생명을 구할 수 있는 골든타임을 확보하는 가장 중요한 신호입니다. CPR은 Cardio Pulmonary Resuscitation의 앞 글자를 딴 것입니다.

CPR— CPR—

혈관 잡고 앰부 잡고
아트로핀 10ml 투여
심장충격기 슛!
한 번 더 슛!

CPR 한 번 더 CPR 한 번 더

—「외딴집 코드 블루」 부분

응급 상황이 발생해 의사인지 구급대원인지 CPR을 시도하고 있습니다. 그런데 환자가 반응이 없습니다. 아이는 엄마를 계속 부르고 있고 엄마는 어떻게 되었는지 알 수 없지만 그만……. 사건 발생 장소가 병원도 외딴집도 아닌, 우리들이 사는 e-편한 세상 아파트 108동(108번뇌?) 1009호(천국 호?)입니다. 앞으로 자식은 엄마 없는 하늘 아래, 외딴집 같은 곳에서 살아가야 할 것입니다. 그런데 생각해 보면, 우리가 살아가는 아파트는 각각의 집이 home이 아닌 house가 아닌가요? 현관문만 닫으면 외딴집이 되지요. 한집에서 같이 사는 식구들도 각자 자기 방에 들어가 컴퓨터를 보거나 스마트폰을 보고 있으니 말입니다. 이 비정한 도시의 외딴집에서 박희곤 시인은 무언가를 찾아내고 싶어서 시를 쓰고 있는 것일까요? 아마 고독하고 아픈 현대인들이 자신을 구해달라는 신호를 그는 들었던 것이 아닐까요?

지금 이 나라 대한민국에서 하루에 몇 건의 개복 수술이 이뤄지고 있는지 모르겠습니다. 자신이 이런 수술의 주인공이 될 것을 예상한 사람이 한 명이라도 있었을까요?

> 임파선까지 전이된 악성종양을 제거하지 못하고
> 개복한 배를 닫고 수술방을 나왔다
>
> 적황색 신생 암 덩어리 촉감은
> 손을 씻어도 머릿속에 박혀 화석이 되었다
>
> 젊은 환자 아내에게 무슨 말을 해야 하나
>
> 기억의 여울목에 흘러내리던 출혈
> 이어주지 못한 목숨줄
> 수술복을 적신 핏물이 마르고
>
> —「수술, 끝나지 않은」 전반부

이 시의 화자는 환자의 배를 열어 악성종양 제거 수술을 한 집도의입니다. 그런데 수술은 암 덩어리가 전신으로 퍼져 성공리에 끝내지 못하고 개복한 배를 그대로 닫고 나오는 의사의 심정은 어떨까요. 그다음 연의 말은 상상일 뿐입니다.

—환자분 수술은 잘 되었으니 내일 퇴원하세요

희망은 절망을 보내는 신호일 뿐
쉿, 그의 아내가 집게손가락을 입술에 갖다 댄다

수술실 창 너머로 경광등이 번쩍이고
장례식장에서도 울지 않는 세상
구급차, 혼자 곡을 하며 달려간다

—「수술, 끝나지 않은」 후반부

지금 이 시대에는 장례식장에서 울음소리를 거의 들을 수 없습니다. 환자가 막 임종했을 때는 가족이 울음을 터뜨렸겠지만 장례식을 치르면서 손님을 계속 맞이해야 하고 이런저런 일을 처리하는 과정에서 고인에 대한 생각은 뒷전으로 밀려납니다. 손님들도 마찬가지입니다. 고인과 인연이 있기에 장례식장에 왔지만 오랜만에 만난 지인들과의 대화가 마냥 즐겁습니다. 그래서 "구급차, 혼자 곡을 하며 달려간다"는 상징적인 결구가 의미심장하게 와닿습니다. 죽어도 아무도 울지 않는 이 세상에서 오직 고통만이 환자 자신의 고통이었고 죽음 이후에는 대체로 나 몰라라 하는 이 비정한 세상을 시인은 안타까워하고 있습니다.

이어지는 시 「냉동인간」 「Mr. 알츠하이머」 「MRI 영상」 「누가 나를 훔쳐보는가」 등도 병원에서 행해지는 갖가지 검사와 처치, 투약과 수술, 치료와 투병의 사례들에 대한 관찰기록물입니다. 시인의 눈은 메스처럼 예리합니다. 그는 독자들을 비극의 현장으로 데려가기도 하고 안도의 한숨을 내쉬게도 합니다. 병원은 삶과 죽음이 매일, 매시간 엇갈리는 곳이지요. 치료가 잘 되어 퇴원하면 얼마나 좋겠습니까. 하지만 영안실로 옮겨지는 경우도 비일비재할 것입니다.

> 애기 머리가 먼저 나와야 하는데 발이 먼저 나온 상태입니다 문제는 애기 머리가 자궁보다 커서 지금 당장 응급수술을 해야 합니다 산모와 애기 중 선택해야 합니다 어쩌면 둘 다 사망할 수도 있습니다
>
> —「역산」 부분

> 유치원 입학도 못한 예빈이, 다섯 손가락보다 긴
> 주사침을 엉덩이뼈에 꽂고 조직검사와 골수이식을 했다
>
> 소아병원 무균실, 마스크 밑에 가쁜 숨을 몰아쉬며
> 골수이식 후 수년째 투병 생활을 하고 있다

항암과 방사선 치료를 위해 수개월 가출한 예빈이
토하면서 먹지도 못한 채 멋쩍은 웃음 웃으며
산타클로스 모자를 쓴 동자승이 되었다

—「예빈이의 출가」 부분

모든 생명체의 탄생도 기적 같은 일이고 그 생명체가 별 탈 없이 하루를 보내는 것도 기적 같은 일입니다. 아기가 자궁에서 밖으로 나올 때 머리부터 나와야 정상인데 발부터 나와 분만실을 초긴장 상태로 몰아넣습니다. 의사가 핏덩이를 거꾸로 잡고 흔들어도 반응이 없자 궁둥이를 때리고 또 때립니다. 심폐소생술을 하자 그제야 아기는 인간 부화기이자 자궁에서 탈출합니다. 살아난 것이겠지요.

예빈이란 아이의 처지는 참으로 딱하네요. 소아백혈병이 찾아와 온갖 고통을 다 겪고 있습니다. 고통의 끝이 죽음이니 참으로 딱합니다. 아픈 형을 사랑하는 동생이 "형아! 내 장난감 전부 줄게. 하늘나라 가지 마."라고 말합니다. 형은 "엄마! 자동 스포츠카 동생한테 주고 미안하다고 전해줘."라는 말을 작별 인사로 남깁니다. 가져갈 것도 두고 갈 것도 없는 어린아이의 짧은 일생을 시인은 지켜보았을 테지요. 하지만 우리는 더 많이 갖기 위해 발악하는 세상이 아닙니까. 아아, 이 얼마나 비통한 사연입니까.

살아생전에 아무리 권력과 영광, 부귀와 영화를 누린 자라고 하더라도 죽음의 순간을 피할 수는 없습니다. 시인은 시신을 기증해 의과대학교 학생들이 실습 도중에 자기를 해부하는 장면을 상상해 봅니다.

> 위장을 절개하자 역류성 식도염에 위궤양
> 일상을 소화시키지 못하고
> 신장은 결석이 생겨 휴화산처럼 굳어 있다
> 폐는 날숨과 들숨 사이가 멀어
> 폐포에 이산화탄소가 산화되지 못한 채 호흡이 응고되고
> 심장의 박동 소리 전두엽을 적신다
> 구멍 난 심장 뛰는 소리에 내가 놀란다
>
> —「해부학 실습」 부분

이미 고인이 된 화자의 넋이 자신의 시신이 해부되는 곳에 와 제대로 해부되고 있는지 살펴보는 장면입니다. 아이러니이고 역설입니다. 이미 죽어 있는 냉동인간이기에 구멍 난 심장이 뛰는 소리는 상상력의 산물입니다. 박희곤 자신, 해부학 실습을 했을 때를 떠올려 봅니다. 해부용 시신 카데바(cadaver) 앞에서 맛있게 밥을 먹었던 기억을. 죽은 자는 어찌 보면 영원히 휴식하는 것이고 산 자는 입에다 무언가를 넣어야 합니다.

인간의 일생을 중국인들은 생로병사(生老病死) 네 글자로

표현했습니다. 생명체는 때가 되면 늙고 병들고 죽게 마련이지요. 진시황도 불로초를 구하지 못했고 손오공도 삼장법사를 구하지 못했습니다. 하지만 조자룡은 유비의 아들 유선을 구했습니다. 현대의 조자룡이 바로 의사입니다. 의사라고 해서 다 현대판 화타는 아니겠지요. 아무튼 살려내지 못한 환자들의 마지막 순간을 숱하게 봐야 하는 것이 의사의 운명입니다. "누군가 태어나고 누군가는 죽고/그 순간에도 나는 피 묻은 수술 장갑을 벗고/목구멍에 마른 김밥을 집어넣는다"(「스냅 풍경」)고 하는데, 이런 의사들이 얼마든지 있는 것입니다. 환자의 입장에서 쓴 「누가 나를 훔쳐보는가」 같은 시도 있지만 역시 감동적인 시는 의사의 입장에서 쓰고 수술에 성공한 다음 같은 시입니다.

> 집도의 손놀림이 빨라지고 출혈 또한 잦아들면
> 홀연히 심전도의 파고는 정상 비행을 하고
> 아기의 검푸른 입술이 빨갛게 돌아오면
> 내가 너를 살린 게 아니라 네가 나를 살렸다!
>
> 아가야, 오늘까지 엄마의 이름으로 살고
> 내일부터는 너의 이름으로 살아가라
>
> —「너의 이름으로 살아가라」 부분

의사 된 보람을 가장 크게 느낄 때가 이런 때일 것입니다. "내가 너를 살린 게 아니라 네가 나를 살렸다!"가 가슴에 와 박힙니다. 진정한 의술이 인술인 이유가 이런 데 있는 것이겠지요. 박희곤 시인도 수많은 환자와 가족을 대했을 것입니다. 또한 보건대학 제자와 사회복지사 제자를 40년 넘게 가르치면서 이 아기처럼 저승세계로 가다가 생환, 건강을 되찾는 순간의 감격을 수도 없이 맛보았을 것입니다.

제2부의 시는 시의 공간이 병원으로부터 본인이 사는 동네로 이동합니다. 장삼이사가 살아가는 모습을 그린 시편이 제2부에 모여 있습니다. 때로는 다음과 같은 유년기 때의 추억을 더듬는 추억담이 시가 되곤 합니다.

> 수업 시작 종소리 숙제로 울었다
> 난로 위 층층이 쌓은 도시락에 누룽지가 붙었다
> 구슬치기와 팽이 돌리기
> 계집애들 고무줄 끊기
> 오징어게임, 땅따먹기에 금을 지워
> 미운 털을 키웠다
>
> 계집애의 울음소리에 불이 난 내 손바닥
> 떠드는 친구의 이름이 칠판에 올라가고

화장실 청소 당번은 내 단골 메뉴가 되었다

—「분교 종소리」 부분

이 시를 사실로 간주한다면 시인은 어릴 때 말썽꾸러기였습니다. 여자애들 고무줄놀이하는 곳에 가서 고무줄을 끊곤 했나 봅니다. 선생님에게 손바닥에 불이 나도록 맞곤 했으니 못 말릴 악동이었군요. 화장실 청소 당번이 단골 메뉴였으니 아주 쌤통입니다. 이웃 사람들을 유심히 살펴보고 그들의 일상을 시의 화폭에 담기도 합니다.

파크 골프에다 스포츠 댄스
노래 교실부터 외국어 회화 학원까지
복지관 창작 교실에서도
급식소에서도 줄을 서고
집에서는 늙은이가 늙은이를 돌본다

옆 지기한테 짐 되지 말고
아프지 말고

할머니가 먼저 가고
할아버지가 먼저 가도
손바닥 폰만이 내 세상!

—「포노 사피엔스」 부분

스마트폰이 우리의 일상을 지배하고 있는 세태를 비판한 풍자시로 읽었습니다. 저도 그렇지만 지하철을 타면 남녀노소 가릴 것 없이 90%가 스마트폰을 보고 있습니다. 책을 가방에서 꺼내 읽는 사람은 한 달에 한 명 보기도 어렵습니다. 더군다나 시집을 들고 있는 승객은 1년에 한 명 보기도 어렵습니다. 시를 읽지 않는 세상에서 우리는 컴퓨터에 종속되고 스마트폰에 중독되어 살다가 궁극적인 최후는 CT, MRI, X-ray 촬영을 거쳐 냉동인간……. 시인의 관심사는 시를 쓰고 있는 자신의 행위, 즉 자의식에까지 이릅니다.

슬픔은 기쁨에게로 가는 언어
물음표에게 길을 묻는다

아무도 읽지 않는 시에
마침표를 찍는다

순간 빠뜨린 골뱅이의 점,
시는 날아가 버리고
시집 속에는 한 줄의 시도 없다

—「시 없는 시집」 부분

어언 2025년, 정호승의 시도 기형도의 시도 읽지 않는 시대가 된 것인지 모르겠습니다. 하지만 시인은 베스트셀러를 쓰는 데 목적을 둔 사람이 아니지요. 그저 꾸준히 이웃의 일상을 살피는 관찰자입니다. 마을회관에 가면 늙은 새댁들이 생생한 세월을 프라이팬 위에서 굽고 있습니다.

치다 만 화투장처럼 회관 방바닥을 뒹굴다
철 지난 기억들을 오물오물 씹으며
낡은 수다로 남은 생을 소비하고 있다

늙은 아내를 새댁이라 부르며
동네 대소사는 간식처럼 챙긴다
추석에 먹다 남은 송편을 싸 들고 와서는
서로를 먹인다

―「늙은 새댁」 부분

아직은 인정이 살아 숨 쉬는 이 세상입니다. 화자의 늙은 아내를 더 나이 많은 이들이 '새댁'이라고 부르는 것이 웃깁니다. 세상은 나날이 각박해지고 있는데 음식과 정을 나누고 기쁨과 슬픔을 나누는 곳이 있다니 다행입니다. 시인의 관심사는 인정 미담에 머무르지 않습니다. 러시아-우크라이나 전쟁에 참전한 북한군 병사에게도 눈길을 돌립니다.

우크라이나 방공호
시베리아에 훈련하러 온 줄 알았수다
내래 감자 강냉이라도 실컷 먹고 싶었수다

밤새 전우들이 불바다에 샛별이 되었어

흰 눈이 내렸어
스무 살에 눈사람이 되었어

눈이 없는 눈사람
내일이 오면 누가 내 손 잡아 줄까?
내일이 가면 누가 나를 기억해 줄까?
얼은 눈썹달
내 고향 함경도에도 흰 눈이 내릴 거야

—「스무 살의 눈사람」 부분

무엇 때문에 참전하게 되었는지 교육도 제대로 받지 못하고 전선에 투입된 북한 병사들의 죽음이야말로 개죽음이 아닐까요. 언론에 몇 차례 보도된 병사들의 육성을 듣고 시인은 그들이 스무 살에 죽어갔다는 사실에 주목했습니다. 겨레붙이의 죽음에 애도하는 마음을 갖고 시를 쓴 이가 남쪽의 시인 중에 한 사람도 없었는데 박희곤 시인이 쓴 이 시를 읽고 저는 큰 감동을 받았습니다. 이것이야말로 인간애에 바탕을 둔 진정한 시 정신이 아닐까요.

시집의 제3부는 가족사 이야기가 주축을 이루고 있습니다. 시인 본인의 가족사일 수도 있고, 친척, 이웃, 마을 사람들의 가족사일 수도 있습니다. 이 또한 구체적인 현실의 이야기입니다.

장맛비,
예천댁 산사태로
잠결에 쪽배도 없이 바다로 갔다

낙동강 포구마다 포스터를 붙이고
강바닥 자갈마당에 대침을 놓아도
황토물 타고 간 예천댁 돌아오지 않았다

예천댁 아들
비만 오면 한바탕 울음 쏟아내고
강 언저리에 가묘를 하고
손자며느리까지 불러 하늘에다 곡을 했다

장맛비 그치자,

당산나무 아래 달빛 연못
청개구리 함께 곡을 했다

—「청개구리傳」 전문

'예천댁'으로 불리던 아낙네가 산사태가 나 강물에 휩쓸려 갔나 봅니다. 온갖 방법을 다 써봐도 시체를 못 찾아서 결국 강 언저리에 가묘를 하고 하늘에다 대고 곡을 할 수밖에, 다른 도리가 없었습니다. 청개구리들이 함께 곡을 했다는 결구가 애잔함 마음에 기름을 붓습니다. 자, 그런데 100세 시대가 되었다고 하니 이런 모녀가 있을 법도 합니다.

칠순의 딸이 구순의 어머니를 깨운다
구순은 칠순이에게 밥 달라 보챈다
밥 먹고도 돌아서 밥 달라고 아우성친다
구순이 밥 먹었냐고 또 묻고 칠순은 또 밥을 먹인다

아웅 아웅 욕을 하며 약을 먹이고
중얼중얼하며 늙은 아이가 경을 읊는다

바스러지는 기억의 날은 밥알처럼 흘리고
어젯밤에 먹은 수면제는 망각을 소화시키고
칠순은 구순의 기저귀를 갈 때마다 아이고 아이고를 외

운다

—「칠순이 구순에게」 부분

칠순의 딸이 구순 어머니의 기저귀를 갈아주고 있으니 완전히 신세가 역전되었습니다. 딸이 엄마를 달래고 으르듯이 대하는 이 풍경은 희극도 아니고 비극도 아니며 희비극입니다. 웃으려야 웃을 수도 없는. 앞서 감상했던 시에서 소아백혈병으로 일찍 죽은 아이가 등장했는데 이 시에는 구순의 어머니가 등장하니 인명은 재천이라는 옛사람의 말이 맞나 봅니다. 그런데 이런 비정한 자식도 있습니다. 고려장도 아닌데 가족여행을 제주도에 왔다가 노모를 버리고 가는 경우.

할머니 아들 이름 뭐예요 어디에 사세요
제주도 서귀포시 행정복합 치안센터
바닷바람에 할머니 떨고 있다

김 순경 어린아이 다루듯 어리고 달래도
할머니는 묵비권
참다못한 여 경찰은 자기 잠바를 벗어주고
"저도 할머니 같은 어머니가 있습니다" 안아준다

지문 채취를 하고 아들에게 전화를 건다 결번이다!

며느리한테 전화한다
진춘래 할머니 아세요? 빨리 모셔 가세요
수화기 너머로 들리는 여자 목소리
그런 사람 몰라요 알아서 하세요
전화 끊긴다
치안센터 소장님 문자 보낸다 응답 없다!

"절대 우리 아들은 그런 사람이 아이다. 절대 아이다."
아들 감싸는 할머니

마지막 효도 여행은 할머니의 신혼 여행지에서 끝이 나고
봄날은 갔다

—「춘래 할머니의 여행」 전문

춘래 할머니가 말을 아주 명료하게 하는 것으로 보아 치매기가 있는 것도 아닙니다. 경찰에 맞서서 자기를 버리고 간 아들과 며느리를 오히려 보호하고자 하는데, 그 마음이 독자의 가슴을 더욱 아프게 합니다. 현대사회의 가장 심각한 문제를 저는 가족 해체라고 생각하고 있습니다. 가족 구성원이 서로 연락을 끊고 살고 살인까지 합니다. 애완견이 병들었다고 여행지에다 버리듯이 병원비를 대기 싫어서 어머니를 버리는

아들이 실제로 있다는 것이 문제입니다. 어느 부부가 제주도에 신혼여행을 왔었는데 그 부부의 아들이 어머니를 제주도에 유기하고 갔으니 이런 기막힌 일이 어디 있을까요. 아래의 시도 인간의 비정함을 다루고 있지만 모정을 부정한 것은 아닙니다. 저도 겪었던 일입니다.

화구에 불을 붙이자
엄마는 불길 속에 살이 타고 뼈만 남아

뜨거운 불길 속에서도 아무 일 없는 듯
팔다리가 오그라들며 마지막을 사른다

아무도 울지 않는 엄마의 다비식

엄마를 화구에 밀어 넣고
자식들은 식당으로 몰려간다

돼지 수육에 새우젓을 얹어 욱여넣고
육개장에 둥둥 떠다니는
엄마의 생을 비운다

—「엄마와 육개장」 전문

죽은 사람은 죽은 사람이고 산 사람은 산 사람이라는 논리가 있습니다. 한 끼만 굶어도 희한하게 배에서 꼬르륵 소리가 납니다. 위장이 무엇을 좀 채워달라는 신호를 보내는 것이지요. 자식들은 화장터에서 엄마를 화구에 밀어 넣고 식당으로 몰려갑니다. 하필이면 육개장! "돼지 수육에 새우젓을 얹어 욱여넣고/육개장에 둥둥 떠다니는/엄마의 생을 비"우는 일은 일상다반사가 아닐까요. 어언 70년 저쪽의 일인 전쟁의 비극도 시인은 들추고 있습니다.

찬 바람 부는 어느 날
빨갱이로 잡혀간 우리 아부지
푸른 정구지에 흰 꽃이 피어도 돌아오지 않았고

늦바람에 흰 정구지꽃 피어나면
집 떠난 아부지 흰 두루마기 자락 날리며 돌아올 것 같아
예순이 넘은 아들 아직 기다리고

—「정구지꽃」 부분

부추의 경상도 사투리가 정구지지요. 이 시 속의 아버지가 시인의 친아버지인지 친구의 아버지인지 친척인지 알 수 없지만 어쨌든 화자의 아버지가 빨갱이라고 잡혀간 예는 워낙 많아서 헤아릴 수도 없습니다. 저쪽 사상에 물들어 월북한 경

우도 많았고 지리산에 들어가 빨치산이 된 경우도 많았고 이 시의 아버지처럼 남쪽의 토벌대에 잡혀 죽은 경우도 많았습니다. 이런 역사적인 아픔까지도 시인은 들추고 있습니다. 아래의 시는 시인 자신의 인생 고백인 것만 같습니다.

외할머니가 돌아가신 뒤에는 어머니와 함께 외갓집을 나와 구걸하며 살았다 어떤 날은 물배를 채웠다 어머니는 나를 굶기지 않으려고 빈 젖을 물렸다 나는 빈 젖을 만지며 잠들었다

어머니를 위해 의사가 되려고 공부했지만 가난한 형편에 의사가 아닌 간호사가 되었다 어머니와의 대화는 어-어-와 눈빛으로 알았다

결혼 후 시골집 단칸방에 남은 어머니는 손녀가 보고 싶어 자주 페이스톡을 했다 아내는 어머니의 농아 흉내를 낸다고 아이들에게 페이스톡을 일절 못 하게 했다

어느 날 스마트폰 게임만 하던 딸아이가 놀이터 구석진 곳에서 할머니와 수화로 페이스톡을 하고 있었다 나는 멀리서 딸아이의 통화를 엿들었다 할머니 밥 먹었어? 할머니 사랑해! 할머니 아프지 마! 와이파이를 타고 온 페이스

> 톡에는 눈물 어린 빛나는 별들이 수화처럼 반짝거리고 있었다
>
> —「페이스톡」 부분

시골집 장남 집에 씨받이를 들어간 농아인 어머니. 아버지가 뇌출혈로 사망하자 그 집을 나와 어머니의 친정, 즉 나의 외갓집에 들어가서 살아가게 된 기구한 성장기가 펼쳐집니다. 「국밥 한 그릇」에서도 가슴 뭉클한 감동을 받았는데 감상은 독자 여러분의 몫으로 남겨두겠습니다. 아무튼 화자의 아내는 아이들이 농아인 내 어머니와 페이스톡(영상통화)을 하다가 농아 흉내를 낼까 봐 일절 하지 못하도록 합니다. 그런데 어느 날 멀리서 딸아이의 통화를 엿듣게 됩니다. 이 세상이 아무리 비참하고 비정할지라도 할머니와 손녀 사이의 이런 정다운 소통은 우리를 살아가게 하는 작은 힘의 원천이 될 것입니다. 시인은 때때로 절망하지만, 완전히 좌절하지는 않습니다. 내 어렸을 때 그런 어려운 경우도 다 겪었는데, 내 커가면서 그런 참혹한 경우도 다 봤는데 이 정도는 아무것도 아니야, 힘을 내자고 스스로 다짐합니다.

> 당신이 꾼 꿈은
> 요석공주와 원효가 파계한 사랑
> 이두와 한자가 통정한 향가

자음과 모음을 합궁시키는 꿈
언어와 리듬이 간통하는 꿈
지독한 시와 합방하는 꿈

시의 슬픔과 아픔
카타르시스를 사정없이 사정하며
오르가슴으로 치달려가며 통정하는 꿈
시간과 공간을 거슬러 올라가 날개로 나는 시의 꿈

—「시의 꿈」 부분

경주 남산에 머리 없는 돌부처 씨

광배도 없이 천 년 동안 앉아
침묵의 말을 하고 있네

머리 없는 바보
미치지 않고
말 없는 말 하며 말없이 앉아 있네

—「경주 남산 돌부처 씨」 전문

원효는 요석공주와의 사이에 설총이 태어나자 파계하여 떠돌이 생활을 하면서 무애무를 춥니다. 설총이 주도하여 이두(吏讀)가 만들어졌으니 이런 아이러니가 어디 있습니까. 이런 시는 불교 정신에 대한 관심 표출이나 종교적 깨달음에 대한 시적 형상화 시도가 아닙니다. 세속화된 불교에 대한 비판의식도 느껴지고, 불교 문화유적도 단순한 구경거리로 대하는 현대인에게 경각심을 주고자 이렇게 쓴 것이 아닐까요. 그래서 또 이런 시를 쓴 것이겠지요.

다 볼 수 없는 경주를 다 보고
쓸 수 없는 역사를 다 쓰고
촬영할 수 없는 유물들을 다 촬영한다는 각오로
가고 싶은 곳 보고 싶은 곳
먹고 싶은 곳 찾아 경주로 가자

분황사 석탑이 무너지기 전
선덕대왕 종이 깨어지기 전
경주에 갈 때는 앉아 자는
반가사유상을 데리고 경주로 가자

골목골목 옛길 바닥을 핥으며
누워 자는 죽음을 읽으며
노천 박물관 오솔길로

죽음처럼 앉아 자는 자를 데리고 경주로 가자

—「경주에 갈 때는」 부분

앉아서 자는 자와 누워서 자는 자를 구분해서 얘기하고 있습니다. 앉아서 자는 자는 병원에서 너무 아파서 눕지 못하고 자는 자, 장거리 비행기 속에서 앉아 자는 자, 또는 수도하는 자일 테지요. 누워서 자는 자는 정말 죽어서 누워 자는 자이거나 아니면 세속적으로 평범하게 누워서 자는 인간이겠지요. 경주에 갈 때는 "죽음처럼 앉아 자는 자를 데리고" 가겠다고 했는데 저도 데려가 주시기를 바랍니다. 가면서 오면서 박희곤 시인이 지금까지 목격한, 직접 체험한 일들에 대해 듣고 싶습니다. 삶과 죽음, 과거와 현재, 와병과 회복, 생존과 실존에 얽힌 온갖 이야기를 듣고 싶습니다.

해설을 쓰다가 온갖 넋두리를 다 늘어놓고 있습니다. 이 시집이 많은 환자의 병상을 비춰주는 한 줄기 빛이 될 거라는 믿음이 있어서 이렇게 길게 쓰고 말았습니다. 하고 싶은 이야기가 제2시집, 제3시집에서도 쏟아질 테고, 그 이야기가 벌써 기다려지니 이를 어쩌지요. 독자 여러분과 함께 박희곤 시인의 꾸준한 활동을 기대해 보기로 합니다.

문학의전당 시인선 389

무연고 사회학

초판 1쇄 인쇄 2025년 7월 18일
초판 1쇄 발행 2025년 7월 25일

지은이 박희곤
펴낸이 고영
디자인 헤이존
펴낸곳 문학의전당
출판등록 제448-251002012000043호
주소 충북 단양군 적성면 도곡파랑로 178
전화 043-421-1977
전자우편 sbpoem@naver.com

ISBN 979-11-5896-699-7 03810